BEI GRIN MACHT SICH IHR WISSEN BEZAHLT

- Wir veröffentlichen Ihre Hausarbeit, Bachelor- und Masterarbeit

- Ihr eigenes eBook und Buch - weltweit in allen wichtigen Shops

- Verdienen Sie an jedem Verkauf

Jetzt bei www.GRIN.com hochladen und kostenlos publizieren

Trainingsplan: Beweglichkeit und Koordination. Betriebliches Gesundheitsmanagement

Yen Nguyen

Bibliografische Information der Deutschen Nationalbibliothek:

Die Deutsche Nationalbibliothek verzeichnet diese Publikation in der Deutschen Nationalbibliografie; detaillierte bibliografische Daten sind im Internet über http://dnb.d-nb.de abrufbar.

ISBN: 9783346429353
Dieses Buch ist auch als E-Book erhältlich.

Deutsche Hochschule für
Prävention und Gesundheitsmanagement
Hermann Neuberger Sportschule 3
66123 Saarbrücken

Einsendeaufgabe

Fachmodul:	Trainingslehre III
Studiengang:	Betriebliches Gesundheitsmanagement
Datum Präsenzphase:	31.08-02.09.2020
Name, Vorname:	Nguyen, Hoang Yen
Studienort:	**Hamburg-Harburg**
Semester:	**WS18**

Inhaltsverzeichnis

1 Personendaten

Zur Ermittlung des Ausgangszustandes und der Trainierbarkeit des Kunden werden im Folgenden seine allgemeinen und biometrischen Daten erhoben. Diese sind essenziell, um im weiteren Verlauf einen individuellen und zielorientieren Beweglichkeits-Trainingsplan zu erstellen. Die Angaben dessen erfolgen durch den Kunden.

Tab. 1: Allgemeine und biometrische Daten des Kunden (eigene Darstellung, 2020)

Daten zur Person	Datenwerte
Alter (Jahre)	24 Jahre
Geschlecht	Männlich
Körpergröße (m)	1,75 m
Körpergewicht (kg)	65 kg
Trainingsmotive	Linderung der Rückenschmerzen im Lendenwirbelbereich,
Berufliche Tätigkeit	Bürokaufmann, ausschließlich sitzende Tätigkeit mit wenig Energieaufwand
Aktuelle sportliche Aktivitäten	Seit 1 Jahr 2x pro Woche Laufen (geringe bis moderate IGeschwindigkeit, pro Einheit ca. 30 min.)
Frühere sportliche Aktivitäten	Mit 6-17 Jahren 3x pro Woche Fußballtraining im Verein (mittlere Intensität, pro Einheit 60 min.)
Zeitlicher Verfügungsrahmen	3x pro Woche für jeweils 60 min.
Orthopädische Probleme	Rückenschmerzen im Lendenwirbelbereich nach langem Sitzen
Internistische Probleme	Keine
Ärztliche Behandlung(en)	Verordnung zur Mobilisation des Lendenwirbelbereichs
Medikation	Keine
Sonstige gesundheitliche Einschränkungen	keine

Anhand der Daten aus der obigen Tabelle lässt sich ableiten, dass Herr C. einen Body-Mass-Index-Wert von $18,6 kg/m^2$ aufweist. Laut Angaben der Weltgesundheitsorganisation lege sein BMI-Wert somit im normalgewichtigen Bereich, spricht von $18,5 kg/m^2$ bis $24,99 kg/m^2$ (Tab. 2). Da der Patient Schmerzen nach langem Sitzen verspürt, ist die Wahrscheinlichkeit hoch, dass diese durch eine kontraproduktive Gewohnheitshaltung am Schreibtisch ausgelöst wird und könnte durch eine Verkürzung in der Hüftbeugemuskulatur zustande kommen. Darauf sollte bei dem nachfolgenden Beweglichkeitstest besonders geachtet werden.

In der folgenden Tabelle werden die verschiedenen Klassifikationen des Body-Mass-Index dargestellt.

Tab. 2: Body-Mass-Index Klassifikationstabelle (modifiziert nach World Health Organisation, 2006)

BMI	Kategorie
< 18,5	Untergewicht
18,5 - 24,9	Normalgewicht
25 - 29,9	Präadipositas
30 - 34,9	Adipositas Grad 1
35 - 39,9	Adipositas Grad 2
> 40	Adipositas Grad 3

2   Beweglichkeitstestung

Im Folgenden wird eine Beweglichkeitstestung nach der Methode von Janda (2000, S. 255-271) durchgeführt, um anschließend die Gestaltung des Beweglichkeits- und Koordinationstrainings individuell anpassen zu können.

In der folgenden Tabelle wird die Beweglichkeitstestung, Normwerte und die Ergebnisse für die jeweiligen Testbereiche dargestellt.

Tab. 3: Beweglichkeitstestung (eigene Darstellung, 2020)

Testübung	Testdurchführung	Normwerte	Testergebnisse / Bewertung
M. pectoralis major	Der Proband liegt in Rückenlage auf der Liege. Seine Beine sind angewinkelt und die Füße stehen auf der Auflagefläche, sodass eine Fixierung des Beckens und des unteren Rückens gegeben sind und das Testergebnis nicht durch das Abheben des Beckens oder das Gelangen in ein Hohlkreuz, verfälscht werden kann. Durch leichten Zug nach außen fixiert der Tester seinen Brustkorb. Der zu testende Arm ist im Schultergelenk abduziert und außenrotiert, dabei beträgt der Winkel im Ellenbogen 90°.	Stufe 0 = Oberarm erreicht Horizontale (keine Beweglichkeitsdefizite) Stufe 1 = Oberarm erreicht Horizontale lediglich durch Druck des Testers (leichte Beweglichkeitsdefizite) Stufe 2 = Oberarm erreicht Horizontale auch durch Druck des Testers nicht (deutliche Beweglichkeitsdefizite)	Rechts: Stufe 0 Links: Stufe 0

M. iliopsoas	Proband liegt in Rückenlage auf der Liege, sodass sein Gesäß mit dem Liegenende abschließt und die Beine herunterhängen. Der Proband winkelt ein Bein an und zieht es maximal zu seinem Körper, dabei darf der Tester helfen. Hier ist zu beachten, dass der Proband das Becken nicht anhebt oder in ein Hohlkreuz gerät, damit das Ergebnis nicht verfälscht wird. Der Tester beobachtet die Hüftflexion in dem weiterhin überhängenden Bein. Als Messbereich gilt der Hüftbeugewinkel.	Stufe 0 = Oberschenkel erreicht Horizontale (keine Beweglichkeitsdefizite) Stufe 1 = Oberschenkel erreicht Horizontale lediglich durch Druck des Testers (leichte Beweglichkeitsdefizite) Stufe 2 = Oberschenkel erreicht Horizontale auch durch Druck des Testers nicht (deutliche Beweglichkeitsdefizite)	Rechts: Stufe 1 Links: Stufe 1
M. rectus femoris	Der Proband liegt in Rückenlage auf einer Liege, sodass sein Gesäß mit dem Liegenende abschließt und die Beine runterhängen. Der Proband zieht ein angewinkeltes Bein mit Hilfe der Arme maximal zum Körper heran. Das freie Bein wird vom Tester im maximal möglichen Hüftextensionswinkel fixiert und in den maximal möglichen Kniebeugewinkel geführt. Dabei müssenn Becken und Lendenwirbelsäule fixiert bleiben. Als Messbereich gilt der Kniebeugewinkel.	Stufe 0 = Unterschenkel hängt senkrecht herab (Keine Beweglichkeitsdefizite) Stufe 1 = Unterschenkel erreicht 90° im Kniegelenk lediglich durch Druck des Testers (Leichte Beweglichkeitsdefizite) Stufe 2 = Unterschenkel erreicht auch durch Druck des Testers 90° nicht (Deutliche Beweglichkeitsdefizite)	Rechts: Stufe 0 Links: Stufe 0
Mm. ischiocrurales	Der Proband liegt in Rückenlage auf der Liege. Das nicht zu testende Bein ist auf der Behandlungsliege aufgestellt. Das Testbein wird vom Tester bei gestrecktem Kniegelenk in die maximal mögliche Hüftflexion geführt, wobei	Stufe 0 = Hüftflexion im Ausmaß von 90° möglich (Keine Beweglichkeitsdefizite) Stufe 1 = Hüftflexion im Ausmaß von zwischen 80-90° (Leichte Beweglichkeitsdefizite) Stufe 2 = Hüftflexion nur unter 80° möglich	Rechts: Stufe 2 Links: Stufe 2

	die Patella frei bleibt. Dabei bleiben Becken und Lendenwirbelsäule fixiert. Als Messbereich gilt der Hüftbeugewinkel	(Deutliche Beweglichkeitsdefizite)	
Mm. triceps surae	Der Proband liegt in Rückenlage auf der Liege. Das nicht zu testende Bein ist auf der Liege aufgestellt während das Testbein gestreckt ist. Die untere Hälfte des Unterschenkels ragt über das Ende der Liege hinaus. Der Tester greift distal das Fersenbein und zieht daran leicht vom Körper weg, während die andere Hand an die Fußaußenkante greift und leichten Druck zum Schienbein ausübt. Bei isolierter Testung des M. soleus wird nach dem Erreichen der maximalen Dorsalextension das Kniegelenk gebeugt und der Tester versucht das Bewegungsausmaß zu erweitern. Als Messbereich gilt Dorsalextensionswinkel im Oberen Sprunggelenk	Stufe 0 = Dorsalextension bis 0° möglich (Keine Beweglichkeitsdefizite) Stufe 1 = Dorsalextension möglich aber 0° wird nicht ganz erreicht (Leichte Beweglichkeitsdefizite) Stufe 2 = Dorsalextension nur bis 10° unter 0°-Stellung möglich	Rechts: Stufe 0 Links: Stufe 0

Die Testergebnisse zeigen auf, dass Herr C. leichte Beweglichkeitsdefizite in der Ischiocuralen Muskulatur aufweist und bestätigen die vorherige Vermutung der Anamnese. Die Vermutung, er habe die Einschränkungen aufgrund des Sitzens bei der Arbeit, wird dabei ebenso von der leichten Verkürzung der inneren Hüftmuskulatur unterstrichen. Generell ist Herr C. bilateral gleich verkürzt und hat ansonsten keinerlei Verkürzungen im Oberkörper. Bei der Trainingsplanerstellung wird die Mobilisierung der Hüfte Primat sein.

3   Trainingsplanung: Beweglichkeitstraining

Im Folgenden wird ein Beweglichkeitstrainingsplan unter Beachtung des vorherigen Beweglichkeitstests erstellt.

Tab. 4: Beweglichkeitstrainingsprogramm mit Beschreibung der Durchführung (eigene Darstellung, 2020)

Dehnung	Durchführung	Zielmuskulatur	Dehnmethode	Belastungsparameter
Wadenmuskulatur	Im hüftbreiten Stand wird ein Bein mit leicht gebeugtem Knie nach vorne und ein Bein im gestreckten Zustand nach hinten gestellt. Dabei ist jeweils die komplette Fußsohle auf dem Boden. Der Oberkörper wird nach vorne gelehnt, sodass er eine Verlängerung des hinteren Beins darstellt und der Körperschwerpunkt nach vorne verlagert wird. Dadurch wird die Dehnposition eingenommen. Das Gewicht wird im Wechsel nach vorne und hinten verlagert, sodass die Dehnposition abwechselnd eingenommen und verlassen wird.	M gastrocnemius M. soleus	Passiv-Dynamisch	3 Sätze à 10 Wiederholungen innerhalb 45 Sekunden, dazwischen max. 10 Sekunden Pause, um die Seite zu wechseln. Dehnung bis zur Dehnungsgrenze. 3 Trainingseinheiten pro Woche.
Dehnung Rückseitige Oberschenkelmuskulatur	Ausgangsposition ist die Rückenlage mit einem angewinkeltem, auf der Liegefläche abgestelltem Bein und einem mit den Händen an der Oberschenkelrückseite gebeugtem, zum Oberkörper herangezogenem Bein. Die Dehnposition wird eingenommen, indem	M. biceps femoris M. semimenbranosus M. semitendinosus	Passiv-Statisch	3 Sätze à 10 Wiederholungen innerhalb 45 Sekunden, dazwischen max. 10 Sekunden Pause, um die Seite zu wechseln. Dehnung bis zur Dehnungsgrenze. 3 Trainingseinheiten pro Woche.

Dehnung	Durchführung	Zielmuskulatur	Dehnmethode	Belastungsparameter
	der M. quadriceps femoris angespannt und das Bein dadurch maximal gestreckt wird.			
Dehnung **Hüftbeugemuskulatur**	Ausgangsposition ist der Kniestand mit einem vorne aufgestellten Bein und einem hinten mit Knie, Unterschenkel und Fuß auf dem Boden abgelegten Bein. Mithilfe der Hände wird der Oberkörper auf den Oberschenkeln abgestützt, der Körperschwerpunkt nach vorne verlagert und die Dehnposition somit eingenommen. Dabei wird das Becken abgesenkt. Das Gewicht wird im Wechsel leicht nach hinten oben angehoben und nach vorne unten abgesenkt.	M. iliopsoas M. rectur femoris	Passiv-Dynamisch	3 Sätze mit je 10 Wiederholungen innerhalb 45 Sekunden und ca. 10 Sekunden Pause um die Seite zu wechseln. 4 Trainingseinheiten pro Woche. Dehnung bis zur Dehngrenze.
Dehnung **Gesäßmuskulatur**	Ausgangsposition ist die Rückenlage. Ein Bein wird angewinkelt abgestellt und das andere Bein wird vor dem abgestellten Bein verschränkt und auf der Oberschenkelvorderseite abgelegt. Die Dehnposition wird eingenommen, indem beide Hände das Standbein an der Oberschenkelrückseite zum Oberkörper ziehen. Währenddessen hängt der Unterschenkel des	M. glutaeus maximus M. glutaeus medius M. glutaeus minimus	Passiv-Statisch	3 Sätze pro Seite mit je 45 Sekunden Dehnung und ca. 10 Sekunden Pause um die Seite zu wechseln. 4 Trainings-einheiten pro Woche. Dehnung bis zur Dehngrenze.

Dehnung	Durchführung	Zielmuskulatur	Dehnmethode	Belastungsparameter
	Standbeins nach unten. Die Dehnposition wird gehalten und das zu dehnende Bein gewechselt.			
Dehnung vorderseitige Oberschenkelmuskulatur	Ausgangsposition ist der Stand. Eine Hand greift das gleichseitige Bein oberhalb des Sprunggelenks, sodass sich die Ferse auf Gesäßhöhe befindet. Die Dehnposition wird eingenommen, indem die Ferse maximal zum Gesäß gezogen wird und das Kniegelenk gebeugt wird. Die Oberschenkel sind parallel zueinander und der freie Arm darf zur Ausbalancierung dienen. Die Dehnposition wird gehalten und danach das Bein gewechselt.	M. quadrizeps femoris	Passiv-Statisch	3 Sätze pro Seite mit je 45 Sekunden Dehnung und ca. 10 Sekunden Pause um die Seite zu wechseln. 4 Trainings-einheiten pro Woche. Dehnung bis zur Dehngrenze.
Dehnung Rückenstrecker	Ausgangsposition ist der Vierfüßlerstand. Die Dehnposition wird durch aktive Kontraktion der Bauchmuskulatur und das Einnehmen des sogenannten Katzenbuckels erreicht. Die Dehnposition wird gehalten.	Mm. erector spinae	Aktiv-Statisch	3 Sätze mit je 45 Sekunden Dehnung und 30 Sekunden Pause. 4 Trainingseinheiten pro Woche.
Dehnung seitliche Rumpfmuskulatur	Die Ausgangsposition ist die Rückenlage. Die Beine sind angewinkelt und Arme liegen rechtwinklig vom Körper am Boden abduziert. Der gesamte Schultergürtel bleibt	M. obliquus externus abdominis M. obliquus internus abdominis	Passiv-Dynamisch	3 Sätze mit je 10 Wiederholungen innerhalb 45 Sekunden und ca. 10 Sekunden Pause um die Seite zu wechseln. 4 Trainingseinheiten pro Woche. Dehnung bis zur Dehngrenze.

Dehnung	Durchführung	Zielmuskulatur	Dehnmethode	Belastungsparameter
	stets auf dem Boden. Die Dehnposition wird erreicht, indem die Beine nachfolgend zur rechten Seite niedergelegt werden. Die zu den Beinen gegenüberliegende Schulter wird mit gestrecktem Arm minimal angehoben und abgelegt. Danach die Seite wechseln.			
Dehnung der Brustmuskulatur	Die Ausgangsposition ist im Stand. Die Hände werden, mit zueinander zeigenden Handflächen, hinter dem Oberkörper verschränkt. Die Dehnposition wird durch aktives Anheben der gestreckten Arme erreicht. Der Oberkörper bleibt aufrecht und die Schulter unten. Die Position wird an der maximalen Schwingweite gehalten.	M. pectoralis major M. biceps brachii M. deltoideus clavicularis	Aktiv-Statisch	3 Sätze mit je 45 Sekunden Dehnung und 30 Sekunden Pause. 4 Trainingseinheiten pro Woche. Dehnung bis zur Dehngrenze
Dehnung Nackenmuskulatur	Die Ausgangsposition ist im Stand. Der Kopf wird, mit Blick nach vorne, seitlich zur Schulter geneigt. Die Dehnposition wird erreicht, indem die gegenüberliegende, freie Schulter nach unten zieht. Die Dehnposition wird gehalten, danach wird gewechselt.	M. trapezius pars descendens	Aktiv-Statisch	3 Sätze pro Seite mit je 45 Sekunden Dehnung und ca. 10 Sekunden Pause um die Seite zu wechseln. 4 Trainingseinheiten pro Woche. Dehnung bis zur Dehngrenze.

Bei der Erstellung des Dehnungsprogramms wurden sowohl die Ziele, die Verordnung vom Arzt als auch die Defizite, welche aus dem Bewegungstest herausgingen, miteinbezogen. Die Ergebnisse des Bewegungstests haben gezeigt, dass die größten Defizite in der ischiocuralen Muskelgruppe vorhanden sind, weshalb der Schwerpunkt des Trainingsplans darauf ausgelegt wurde. Insgesamt beinhaltet das Programm jedoch alle relevanten Muskel-Gelenk-Systeme.

Die statische Dehndauer wurde, aufgrund des Anfängerstatus des Probanden, auf 45 Sekunden pro Satz gelegt, da dies nach Lindel (2006, S.30) den empfohlenen Mittelwert von 15 und 90 Sekunden entspricht. Ebenso nach Lindel (2006, S.31) wurde die Wiederholungsanzahl der dynamischen Dehnübungen auf 10 Wiederholungen gesetzt, da dies den empfohlenen Mittelwert von 3 und 10 Wiederholungen entspricht. Diese sollen innerhalb der 45 Sekunden ausgeführt werden. Bei der Dehnung soll der Proband zur Dehnungsgrenze gehen, da dies laut Marshall (1999) bei kurzen Einheiten einen signifikant höheren Effekt hervorrufe.

Das Dehnprogramm wird nach dem Minimalprogramm ausgelegt, da es optimal für Anfänger ist (Rancour, Holmes & Cipriani, 2009). Aufgrund dessen werden die Trainingseinheiten von Herrn C. auf 3 Mal die Woche ausgelegt, da dies ebenso seinen individuellen, zeitlichen Verfügungsrahmen entspricht.

4 Trainingsplanung Koordinationstraining

Im Folgenden wird ein Koordinationstrainingsplan unter Beachtung des vorherigen Beweglichkeitstests erstellt.

Tab. 5: Koordinationstrainingsprogramm mit Beschreibung der Durchführung (eigene Darstellung, 2020)

Name der Übung	Durchführung	Belastungsparameter
Übung 1: Zweibeinstand	Der Stand ist hüftbreit und leicht gebeugt. Die Fußspitzen zeigen nach vorne und der Oberkörper ist aufrecht. Die Position wird gehalten.	3 Sätze à 45 Sekunden, dazwischen 45 Sekunden Pause. 3 Trainingseinheiten pro Woche.
Übung 2: Zweibeinstand mit geschlossenen Augen	Die Augen sind geschlossen. Der Stand ist hüftbreit und leicht gebeugt. Die Fußspitzen zeigen nach vorne und der Oberkörper ist aufrecht. Die Position wird gehalten.	3 Sätze à 45 Sekunden, dazwischen 45 Sekunden Pause. 3 Trainingseinheiten pro Woche.
Übung 3: Zweibeiniger Stand auf dem Therapiekreisel	Der Stand ist hüftbreit und leicht gebeugt auf dem Therapiekreisel. Die Fußspitzen zeigen nach vorne	3 Sätze à 45 Sekunden, dazwischen 45 Sekunden Pause. 3 Trainingseinheiten pro Woche.

Name der Übung	Durchführung	Belastungsparameter
	und der Oberkörper ist aufrecht. Die Position wird gehalten.	
Übung 4: Zweibeiniger Stand auf dem Therapiekreisel mit geschlossenen Augen	Die Augen sind geschlossen. Der Stand ist hüftbreit und leicht gebeugt auf dem Therapiekreisel. Die Fußspitzen zeigen nach vorne und der Oberkörper ist aufrecht. Die Position wird gehalten.	3 Sätze à 45 Sekunden, dazwischen 45 Sekunden Pause. 3 Trainingseinheiten pro Woche.
Übung 5: Einbeinstand rechts/links	Der Stand ist einbeinig mittig auf dem Boden und leicht gebeugt. Die Fußspitzen zeigen nach vorne und die Fußsohlen werden auf der Ferse, dem Großzehenballen und dem Kleinzehenballen gleichmäßig verlagert. Der Oberkörper ist aufrecht und das Becken wird mittels Kontraktion in der Rumpfmuskulatur stabilisiert. Die Position wird gehalten.	3 Sätze à 45 Sekunden, dazwischen 45 Sekunden Pause. 3 Trainingseinheiten pro Woche.
Übung 6: Einbeinstand rechts/links mit geschlossenen Augen	Die Augen sind geschlossen. Der Stand ist einbeinig mittig auf dem Boden und leicht gebeugt. Die Fußspitzen zeigen nach vorne und die Fußsohlen werden auf der Ferse, dem Großzehenballen und dem Kleinzehenballen gleichmäßig verlagert. Der Oberkörper ist aufrecht und das Becken wird mittels Kontraktion in der Rumpfmuskulatur stabilisiert. Die Position wird gehalten.	3 Sätze à 45 Sekunden, dazwischen 45 Sekunden Pause. 3 Trainingseinheiten pro Woche.
Übung 7: Einbeinstand Schwingen rechts/links	Der Stand ist einbeinig mittig auf dem Boden und leicht gebeugt. Die Fußspitzen zeigen nach vorne und die Fußsohlen werden auf der Ferse, dem Großzehenballen und dem Kleinzehenballen gleichmäßig verlagert. Der Oberkörper ist aufrecht und das Becken wird mittels Kontraktion in der Rumpfmuskulatur stabilisiert. Das freie Bein schwingt nach vorne und hinten und das Standbein hält das Gleichgewicht.	3 Sätze à 45 Sekunden, dazwischen 45 Sekunden Pause. 3 Trainingseinheiten pro Woche.
Übung 8: Einbeinstand achten kreisen rechts/links	Der Stand ist einbeinig mittig auf dem Boden und leicht gebeugt. Die Fußspitzen zeigen nach vorne und die Fußsohlen werden auf der Ferse, dem Großzehenballen und dem Kleinzehenballen gleichmäßig verlagert. Der Oberkörper ist aufrecht und das Becken wird mittels	3 Sätze à 45 Sekunden, dazwischen 45 Sekunden Pause. 3 Trainingseinheiten pro Woche.

Name der Übung	Durchführung	Belastungsparameter
	Kontraktion in der Rumpfmuskulatur stabilisiert. Das freie Bein wird zur Seite abduziert und zeichnet achten in der Luft und das Standbein hält das Gleichgewicht.	
Übung 9: Einbeinstand auf dem Therapiekreisel rechts/links	Der Stand ist einbeinig mittig auf dem Therapiekreisel und leicht gebeugt. Die Fußspitzen zeigen nach vorne und die Fußsohlen werden auf der Ferse, dem Großzehenballen und dem Kleinzehenballen gleichmäßig verlagert. Der Oberkörper ist aufrecht und das Becken wird mittels Kontraktion in der Rumpfmuskulatur stabilisiert. Die Position wird gehalten.	3 Sätze à 45 Sekunden, dazwischen 45 Sekunden Pause. 3 Trainingseinheiten pro Woche.
Übung 10: Einbeiniger Stand auf dem Therapiekreisel mit geschlossenen Augen rechts/links	Die Augen sind geschlossen. Der Stand ist einbeinig mittig auf dem Therapiekreisel und leicht gebeugt. Die Fußspitzen zeigen nach vorne und die Fußsohlen werden auf der Ferse, dem Großzehenballen und dem Kleinzehenballen gleichmäßig verlagert. Der Oberkörper ist aufrecht und das Becken wird mittels Kontraktion in der Rumpfmuskulatur stabilisiert. Die Position wird gehalten.	3 Sätze à 45 Sekunden, dazwischen 45 Sekunden Pause. 3 Trainingseinheiten pro Woche.

Das Koordinationstraining soll dazu beitragen, dass die Körperwahrnehmung von Herrn C. verbessert wird und er somit frühzeitig Fehlhaltungen bemerkt und korrigieren kann. Dadurch soll langfristig vermieden werden, dass Fehlhaltungen zur Alltagshaltung werden und folglich zu Muskelverkürzungen und Bewegungsdefiziten führen. Aufgrund der derzeitigen, vom Probanden ausgeübten, sportlichen Aktivität, wurden lediglich Übungen für die unteren Extremitäten gewählt, damit mehr Stabilität während des Laufens gegeben werden kann.

Die Belastungsparameter wurden nach Chwilkowski (2006, S.61) gewählt. Beginnend mit dem Zweibeinstand wird die Grundhaltung für die darauffolgenden Übungen gefestigt. Im weiteren Verlauf wird die Intensität mittels Einschränkungen der Sinnesaufnahme, Integration dynamischer Bewegungen oder Veränderungen der Umweltbedingen erhöht. Die einzelnen Intensitätsveränderungen werden schrittweise integriert, sodass diese bei der letzten Übung durch Kombination von Bedingungsänderung durch das Einsetzen des Therapiekreisels und das Einschränken der visuellen Sinnesaufnahme durch Schließen der Augen, den höchsten koordinativen Anspruch darstellt. Dadurch ist eine Intensitätssteigerung im Trainingsprogramm gegeben.

5 Literaturrecherche

Im Folgenden werden zwei wissenschaftliche Studien zum Thema „Effekte des Dehnens auf die Bewegungsreichweite bzw. auf die Dehnungsspannung" miteinander verglichen.

Tab. 6: Vergleich zweier wissenschaftlicher Studien zum Thema Effekte des Dehnens (eigene Darstellung, 2020)

	Zakas, Balaska, Grammatikopoulou, Zakas. Vergou (2005)	Marschall (1999)
Wer hat die Studie durchgeführt?	A. Zakas, P. Balaska, M.G. Grammatikopoulou, N. Zakas, A. Vergou	F. Marschall
Publikationsjahr	2005	1999
Forschungsfrage	Welche akuten Effekte hat statisches Dehnen, von unterschiedlicher Länge, im Vergleich auf den Bewegungsumfang?	Wie beeinflussen unterschiedliche Dehnintensitäten kurzfristig die Veränderung der Bewegungsreichweite?
Versuchspersonen	20 Frauen zwischen 65 und 85 Jahren (Durchschnittsalter entsprach 75,9 Jahren).	23 Sportstudenten, davon 8 Frauen mit einem Durchschnittsalter von 25,7 +/- 1,6 Jahren und 15 Männer mit einem Durchschnittsalter von 23,0 +/- 3,0 Jahren. Die Frauen waren durchschnittlich 166,5 +/- 7,2 cm groß und wogen durchschnittlich 60,4 +/- 7,9 kg. Die Männer waren durchschnittlich 177,9 +/- 6,6 cm groß und wogen durchschnittlich 75,6 +/- 8,2 kg.
Versuchsaufbau	Es wurden drei verschiedene, jedoch nicht aneinander anschließende, statische Dehnungsprotokolle von den Probanden	Es wurde die maximale Dehnfähigkeit der ischiocruralen Muskelgruppe im rechten Bein

	Zakas, Balaska, Grammatikopoulou, Zakas. Vergou (2005)	Marschall (1999)
	durchgeführt. Die jeweiligen Einheiten entsprachen immer 60 Sekunden, die erste wurde als 1x 60 Sekunden, die zweite als 2x 30 Sekunden und die dritte als 4x 15 Sekunden gestaltet und ausgeführt. Als Maßstab galt der ROM der unteren Extremitäten.	erfasst. Dazu wurden die Bewegungsreichweite und die auftretende Muskelspannung mithilfe eines hierfür speziell entwickelten Apparats gemessen. Dieser lässt dabei Eigen- und Fremddehnung zu. Die Probanden wurden in 1-wöchigen Abständen untersucht. In der ersten Woche wurde eine statische, in der zweiten Woche eine postisometrische und in der dritten Woche eine dynamische Dehnung durchgeführt. Die Probanden wurden je Messung in die maximal tolerierte Hüftflexion gebracht. Daraufhin wurder der Messwert mit einem Goniometer festgestellt. Dabei wurden Dehnspannung und Bewegungsamplitude zu drei unterschiedlichen Momenten gemessen. Einmal direkt nach Erreichens der maximalen Dehnposition, zweitens nach Einstellung der vielfältigen Behandlungen in der gleichen Position wie zur ersten Messung und drittens nach der Behandlung in maximaler Dehnposition zur Ermittlung der maximal möglichen Bewegungsreichweite.
Ergebnisse und Schlussfolgerungen	Die drei unterschiedlichen Dehnungsprotokolle wiesen jeweils dieselbe Verbesserung des Bewegungsumfangs (ROM) akut nach der Ausführung auf. Statisches Dehnen wirkt sich akut positiv auf den Bewegungsumfang aus. Dabei wird die Verbesserung nicht durch die Länge der Dehnung beeinflusst.	Die maximal zu erreichende Hüftflexion vergrößerte sich zwischen den Testzeitpunkten T1 und T3 um 7° bis 10°. Im unmittelbaren Vergleich zeigt sich die statische Dehnung der postisometrischen (F1,22= 12,7; p=0,002) und der dynamischen (F1,22=8,3; p=0,009) unterlegen, während die Antagonismen zwischen postisometrischer und dynamischer Methodik nicht signifikant sind. Die Dehnungsspannung reduzierte sich zwischen den Testzeitpunkten T1 und T3 zwischen 19 und 35%. Im unmittelbaren Vergleich zeigt sich die statische Methode sowohl der postisometrischen (F1,22 – 11,9; p=0,002) als auch der dynamischen Methode (F1,22 – 0,79; p=0,382) als

Zakas, Balaska, Grammatikopoulou, Zakas. Vergou (2005)	Marschall (1999)
	unterlegen, während die Antagonismen zwischen postisometrischer und dynamischer Methodik nicht signifikant sind. Die maximal tolerierte Dehnungsspannung potenzierte sich während der Testzeitpunkte T1 und T3 zwischen 18 und 29%. Im unmittelbaren Vergleich zeigt sich die statische Dehnmethode der postisometrischen ($F_{1,22}$ – 5,2; p=0,032) als unterlegen, während die Antagonismen zwischen postisometrischer und dynamischer, bzw. statischer und dynamischer Technik nicht signifikant sind.

6   Literaturverzeichnis

Chwilkowski, C. (2006). *Medizinisches Koordinationstraining – Verbesserung der Haltungs- und Bewegungskoordination durch Propriozeption* (2. Aufl.). Köln: Deutscher Trainer Verlag.

Janda, V. (2000). *Manuelle Muskelfunktionsdiagnostik* (4. Aufl.). München: Urban & Fischer.

Lindel, K. (2006). *Muskeldehnung – Grundlagen, Differenzialdiagnostik, Therapeutische Dehnungen, Eigendehnungen* (1. Aufl.). Berlin:Springer.

Marschall, F. (1999). *Wie beeinflussen unterschiedliche Dehnintensitäten kurzfristig die Veränderung der Bewegungsreichweite?* Deutsche Zeitschrift für Sportmedizin, 50 (1), 5-9.

Rancour, J., Holmes, C. F. & Cipriani, D. J. (2009). *The effects of intermittent stretching following a 4-week static stretching protocol: a randomized trial. Journal of Strength an Conditioning Research, 23* (8), 2217-2222.

World Health Organisation, (2018). *Body mass index - BMI.* Zugriff am 20.10.2020. Verfügbar unter http://www.euro.who.int/en/health-topics/disease-prevention/nutrition/a-healthy-lifestyle/body-mass-index-bmi

7 Abbildungs- und Tabellenverzeichnis